MAGASIN

THÉATRAL,

CHOIX DE PIÈCES NOUVELLES

JOUÉES SUR TOUS LES THÉATRES DE PARIS.

TOME QUINZIÈME.

PARIS,

MARCHANT, Éditeur, Boulevart Saint-Martin, 12.

A BRUXELLES,

A LA LIBRAIRIE BELGE-FRANÇAISE, RUE MONTAGNE DE LA COUR, 26.

1837.

LE

MAGASIN THÉATRAL.

LE MAGASIN

THÉATRAL,

CHOIX DE PIÈCES NOUVELLES

JOUÉES SUR TOUS LES THÉATRES DE PARIS.

TOME QUINZIÈME.

PARIS,

AU MAGASIN THÉATRAL,

BOULEVART SAINT-MARTIN, N° 12.

1837.

THÉODORE,

OU

HEUREUX QUAND MÊME,

VAUDEVILLE EN UN ACTE,

Par MM. Bayard et Deslandes,

REPRÉSENTÉ POUR LA PREMIÈRE FOIS, A PARIS, SUR LE THÉATRE DU PALAIS-ROYAL, LE 17 OCTOBRE 1836.

PERSONNAGES.	ACTEURS.	PERSONNAGES.	ACTEURS.
THÉODORE	M. ACHARD.	FANNY	Mlle JENNY WEIS.
BERTHAUX	M. LEVASSOR.	Mme DE BRADEL	Mme THÉODORE.
ADRIEN	M. BOUTON.		

La scène se passe chez Mme Théodore de Lucy.

Le théâtre représente un appartement très-simple. Portes latérales. Porte au fond. Table, chaises, fauteuil, etc.

SCENE PREMIERE.

FANNY, ADRIEN.

(Adrien est assis, un plumeau à la main. Il s'endort. Fanny entre.)

FANNY. Adrien! Adrien!

ADRIEN, *se levant vivement.* Hein?.... plaît-il?... quoi?... qu'est-ce qu'il y a?... Ah! mademoiselle!...

FANNY. Que faites-vous ici?.. pourquoi n'êtes-vous pas près de M. Théodore, près de votre maître?

ADRIEN. Mon maître!... mon maître!.- il doit être loin, s'il dort toujours... et quand je ferais bien un peu comme lui, il m'a fait coucher assez tard!

FANNY. Adrien! c'est mal ce que vous dites là... c'est d'un mauvais cœur!

ADRIEN. Ah! pardon, mamzelle... c'est que... je ne suis pas un ange comme vous! je ne sais pas me résigner...

FANNY. Est-ce que la position de M. Théodore, son caractère, sa gaîté même, ne vous inspirent pas un intérêt...

ADRIEN. Si fait!... si fait!... c'est vrai, qu'il ne ressemble pas à ses confrères, les aveugles... il est plus gai, plus heureux que bien des gens qui voient clair... Il faut dire aussi qu'il voit plus clair que bien d'autres qui ont leurs deux yeux.... excepté, sur sa fortune, pourtant! Faut-il être aveugle! pour se croire riche, quand on n'a rien.

FANNY. Ah! taisez-vous!.... Adrien, voulez-vous me faire de la peine?

ADRIEN.

AIR : *J'ai vu le Parnasse des dames.*

Comptez sur moi, mademoiselle,
Comme vous, je veux le servir;
Pour le tromper j'aurai du zèle,
Puisqu'il le faut, je sais mentir.
Des valets qui trompent leurs maîtres,
Tous les jours ça se voit déjà;
Mais ce qui se voit moins, peut-être,
C'est qu'on les ait payés pour ça.

FANNY. Surtout, de la discrétion!...

ADRIEN. Soyez tranquille! quand il me parle de sa grande fortune, de ses meubles de prix, de ses tapis qu'on tarde à poser, de son argenterie, qu'on ne sert pas... ou bien, quand nous sommes ensemble, dans un fiacre qui nous secoue ferme!... et qu'il me dit, en grondant contre les coussins : « Adrien, ma voiture est bien dure... faites refaire les coussins. » Je crois bien, les coussins moelleux d'un sapin!... j'en ris tout bas... mais je ne dis rien!

FANNY. Ah! c'est qu'il fut habitué à ce luxe, à ce train de maison...

ADRIEN. Oui; ce maudit procès qu'il a

perdu!... faut-il qu'il y ait des gens qui aient du crédit!.. faire déclarer qu'un enfant n'est pas le fils de son père!.... Mon Dieu! que c'est drôle, la justice!

FANNY, *regardant autour d'elle.* Chut!.. et, dites-moi, Adrien, quand il est rentré, était-il content?

ADRIEN. Pas trop! il paraît qu'à ce concert public, où il se croyait à une soirée de grands seigneurs, comme à l'ordinaire, on n'est pas venu le remercier... il en était furieux!... Dam! il avait chanté...

FANNY. Oh! avec un charme, une expression!... mais, moi, j'ai été effrayée un instant... Une dame s'est approchée, et a paru le reconnaître.... sans doute quelque ancienne amie de sa famille,

ADRIEN. Oui, de sa famille, qui n'est plus sa famille.

FANNY. Je tremble toujours qu'on ne lui parle, qu'il ne découvre notre stratagème... et voici une lettre de M. Dercy, l'ancien notaire de son père... il dit qu'il a à lui parler.... je vais lui répondre.... qu'il écrive plutôt!... Vous allez porter ma lettre, Adrien.

ADRIEN. Oui, mamzelle, tout d'suite.

FANNY. Et si l'on venait...

ADRIEN. Je n'annonce que des grands seigneurs de votre fabrique... c'est convenu... Et, tenez, en voilà un que j'entends... M. le duc de Méris!...

FANNY. Le duc?...

ADRIEN. C'est-à-dire, notre commis de nouveautés.

FANNY. Ah!... bien!.... je l'avais fait prier de venir ce matin... Attendez... j'ai cette lettre à vous donner...

(Elle s'assied et écrit.)

SCENE II.

FANNY, ADRIEN, BERTHAUX, *un paquet sous le bras.*

BERTHAUX.

AIR : *Fragment de l'Éclair.*

J'arrive, j'arrive, ici l'amour m'amène!
Libre à l'instant
Et profitant
Du dimanche... et vraiment
C'est bien assez six jours de la semaine
De déplier, de replier,
Auner, couper... maudit métier!
Mais oublions cela,
Puisqu'enfin me voilà!
Moi, Bertaux, l'élégant, le charmant,
L'engageant, l'enivrant...
Me voilà!

ADRIEN. Bonjour, monsieur le duc.

BERTHAUX, *étonné.* Ah! il y a un duc ici, et moi qui gardais mon chapeau sur la tête, je vais... (*Il se retourne.*) Ah! c'est de moi que.... mauvais plaisant!... Que vois-je? .. Mlle Fanny!...

FANNY, *sans se déranger.* Bonjour, monsieur Berthaux, bonjour, je suis à vous.

BERTHAUX. Ne vous dérangez pas!... C'est drôle; il faut croire que vous m'absorbez, car en entrant, je n'ai vu personne.

FANNY, *écrivant toujours.* Je commençais à craindre que vous ne vinssiez pas.

ADRIEN. Ah! bien oui!... M. Berthaux est exact!... je sais bien pourquoi.

BERTHAUX, *avec hauteur.* Hein! plaît-il? (*Changeant de ton.*) Voilà ce que c'est.... mademoiselle... le patron me dit : « Berthaux... » il pourrait bien dire, M. Berthaux, mais, le patron, c'est un homme enrichi, ça n'a pas d'usage... « Berthaux, allez porter ces échantillons chez Mme la baronne de... » Ma foi, j'ai oublié le nom... c'est égal; j'étais content d'aller chez une baronne... Ce n'est pas que... oh! non!... quand j'aime .. toutes les baronnes des quatre parties du monde...

ADRIEN, *à part.* Comme il regarde mamzelle!...

FANNY. Continuez donc!

BERTHAUX Je me papillote, je mets le fer au feu, c'est-à-dire les pincettes, et je vais, tout frisé, chez ma baronne... j'y vois la grosse la plus désagréable!... elle ne m'a seulement pas dit de m'asseoir.... Heureusement, elle n'a pas acheté, vu que rien ne lui convenait.. Faites donc des frais!... avec ça, moi, qui grillais de vous voir... vous m'aviez fait dire de venir!...

FANNY, *se levant.* Vous voici enfin... Tenez, Adrien, ma lettre.... allez chez M. Dercy... et quand vous reviendrez, vous ne parlerez qu'à moi... à moi!

ADRIEN. Oui, mamzelle, j'y vais.... adieu, monsieur le duc.

BERTHAUX, *le suivant.* Ah, ça! dis donc, toi, monsieur le duc toi-même, entends-tu?...

(Il le poursuit pour lui donner un coup de pied. Adrien sort.)

SCENE III.

BERTHAUX, FANNY.

FANNY, *le retenant.* Monsieur Berthaux!

BERTHAUX. Ah! c'est que, voyez-vous, mademoiselle Fanny, je n'aime pas qu'on ait l'air de se moquer de moi!... je suis un duc pour vous... c'est-à-dire, pour M. Théodore, à la bonne heure... mais, avec les autres, je reprends mon véritable titre!... je suis commis-marchand de nouveautés et j'entends qu'on me respecte! ah!

FANNY. Eh! oui, sans doute, vous avez raison! ne vous fâchez pas!... vous êtes si aimable!

BERTHAUX. Aimable! . vous trouvez?.. (*A part.*) Voilà mon pouls qui bat deux cents pulsations par seconde.

FANNY. Je sais que je puis toujours compter sur vous, sur votre dévouement.

BERTHAUX. Si vous pouvez y compter!. il me semble, mademoiselle, que vous m'avez toujours trouvé prêt à vous obéir; c'est vrai que ça me fait plaisir et je n'attends pas toujours que vous m'appeliez.

FANNY, *l'interrompant.* C'est bien... je vous en remercie pour notre pauvre artiste!

BERTHAUX, *à part.* Elle ne veut pas me comprendre!

FANNY. Écoutez-moi... vous allez voir M. Théodore... convenons de tout.

BERTHAUX. Oui, convenons.

FANNY. Hier soir, vous avez manqué d'égards envers lui.

BERTHAUX. J'ai manqué d'égards.... hier soir!... permettez; j'ai été enfoncé dans le jaconas toute la soirée... est-ce qu'il a une antipathie pour le jaconas?

FANNY. Ce n'est pas vous... c'est le duc de Méris que je veux dire.

BERTHAUX. Ah! oui... que je suis bête!

AIR :

Duc, commis, je confonds sans cesse ;
Ici, c'est comme au magasin.
J'oublie en ces lieux ma noblesse,
Et là-bas, une aune à la main,
Je prendrais, oubliant ma place,
Les airs d'un seigneur, c'est certain,
Si je n'avais pas là ma glace,
Qui me dit : Tu n'es qu'un vilain !

FANNY. Bien! mais ici, vous êtes toujours, comme c'est convenu, ce duc jeune, riche, ami des arts, chez qui Théodore va chanter avec des gens du monde comme lui.

BERTHAUX. Pauvre garçon! sans se douter que c'est un concert public, où il va faire sa partie... moyennant finance.

FANNY. Oh! qu'il ne le sache jamais!

BERTHAUX. Non, non... quoique j'aie quelquefois peur de me blouser... il m'embarrasse... c'est vrai! je ne trouve rien de bête comme la musique... il me parle toujours de mesure à six huit.... Chez nous, au magasin, on dit tout naïvement trois quarts... et qu'est-ce que c'est que des soupirs?... Eh bien! si... (*regardant tendrement Fanny*) je sais ce que c'est que des soupirs.... je sais...

FANNY, *sans l'écouter.* Écoutez-moi donc!... hier encore, vous avez donné une soirée; mais dans la foule qui encombrait votre salon, il vous a été impossible d'aller jusqu'à lui, pour le remercier, et vous venez lui faire des excuses...

BERTHAUX, *s'échauffant.* Des excuses!... jamais!... jamais!

FANNY. Comment... vous refusez?.

BERTHAUX. Eh bien! si fait, si fait.... je lui en ferai.

FANNY. Et vous l'inviterez à une autre soirée musicale, que vous donnez demain.

BERTHAUX. Ah ça! je ne puis pourtant pas donner des soirées musicales tous les deux jours... c'est ruineux!

FANNY. Ah! monsieur Berthaux, ne riez pas! c'est plus sérieux que vous ne pensez.

BERTHAUX. Ah! bien; si on ne peut pas plaisanter... c'est une facétie!

FANNY. Vous, qui avez déjà été tant de fois si complaisant!..

BERTHAUX. Je le serai encore... je le serai toujours!... (*A part.*) Oh! quand elle prend son petit ton doucereux, adieu tête, adieu cervelle, adieu tout!

FANNY. Vous dites?

BERTHAUX. Je dis, mademoiselle... que si je vous accorde tout ce que vous voulez... il serait bien à vous de m'accorder...

FANNY. Tout ce que vous voudrez... monsieur Berthaux.

BERTHAUX. Je n'en demande pas tant... et si vous vouliez seulement répondre à... (*Fanny le regarde, il se trouble*) au sentiment... que...

FANNY. Que voulez-vous dire?

BERTHAUX, *troublé.* Pardon!.. c'est que... vous n'avez jamais rien accepté de moi... et pourtant, j'ai là sur le cœur, un foulard d'un goût parfait... et je me disais : comme il ira bien à Mlle Fanny!

FANNY, *avec dignité.* Monsieur Berthaux!.. vous vous trompez!

BERTHAUX Mademoiselle!.. (*A part.*) J'ai eu tort... j'aurais dû le mettre là!..

(Il le met sur la table.)

THÉODORE, *chantant dans la coulisse.*
Aussitôt que la lumière.

FANNY. Ah! c'est lui!.. c'est Théodore!..

(Elle va au fond.)

BERTHAUX. Ce cher Théodore!.. (*A part.*) C'est singulier... quand elle me regarde... avec son grand air... bonsoir, je n'y suis plus!.. j'ai l'intelligence d'un mérinos!

SCENE IV.

THÉODORE, FANNY, BERTHAUX.

THÉODORE, *entrant gaîment.*

Vient éclairer nos côteaux.

Eh bien! est-ce qu'on ne déjeune pas?... j'ai un appétit d'enfer!..

Aussitôt que la lumière
Vient...

(*Saisissant la main de Fanny qui est dans le fond.*) Ah! c'est toi, Fanny!.. tu es ma lumière, toi... tu me guides... et je n'en veux point d'autre.

(Il veut l'embrasser.)

FANNY. Théodore!

THÉODORE. Eh bien! qu'as-tu donc?.. tu recules, tu trembles... et mon baiser du matin... oh! vois-tu!.. c'est une dette, une dette sacrée... et je suis un créancier très-exigeant.

(Il l'embrasse.)

BERTHAUX, *à part.* Il l'embrasse... le diable m'emporte!..

FANNY. Vous avez bien dormi, Théodore?

THÉODORE.

AIR *de Masaniello.*

Oui, grâce à toi, ma sœur, mon guide,
Je me trouve l'esprit plus gai.
Hier, un concert insipide
M'avait ennuyé, fatigué,
Au chagrin, sans toi, point de trève,
Et je m'endormis en grondant :
Mais je t'ai vue... oui, vue, en rêve,
Et je chante en me réveillant.

THÉODORE, *en s'appuyant sur elle lui touche le front.* Ah! ah! tu t'es coiffée à l'anglaise... ça te va à merveille!

BERTHAUX. Vous y voyez donc!.. elle est gentille comme un petit cœur!

THÉODORE. Ah! quelqu'un...

FANNY. Oui, M. le duc de Méris qui vous attendait.

THÉODORE. Je l'ai bien reconnu.

BERTHAUX, *se redressant, à part.* Ah! c'est juste... le duc!..

THÉODORE. Monsieur le duc de Méris... que me voulez-vous?

BERTHAUX. Mais, mon cher monsieur Théodore... je viens vous faire des excuses... (*A part.*) Des excuses... un duc!.. ah!..

THÉODORE. C'est un peu tard.

FANNY. N'importe... c'est bien!

THÉODORE, *serrant la main à Fanny.* Bonne Fanny!..

BERTHAUX, *avec un air important.* Que voulez-vous, mon cher... nous recevons tant de monde... on ne peut pas y suffire... je voulais aller jusqu'à vous... mais il s'est trouvé là une dame... qui m'a fait déployer...

FANNY, *toussant.* Hum!

BERTHAUX, *à part.* Diable!

THÉODORE. Vous dites... qui vous a fait déployer...

BERTHAUX. Toute mon éloquence... pour lui prouver que ce qu'elle venait d'entendre était la voix d'un homme... car elle croyait que c'était celle d'un chérubin. (*A part à Fanny.*) J'espère que c'est s'en tirer.

FANNY, *bas.* Chut!

THÉODORE. Monsieur le duc, vous êtes un flatteur!

BERTHAUX. Non, parole d'honneur... si je mens, qu'il ne me passe jamais un morceau de madapolam dans les mains.

(Fanny lui fait signe, il rit à part.)

THÉODORE. Un morceau de... de quel auteur, dites-vous?

BERTHAUX. Oh! du premier compositeur venu... de toutes sortes de compositeurs... enfin, je vous réitère mes excuses.

THÉODORE. Assez... assez...

BERTHAUX. Et je viens vous prier, en ami, de revenir demain.

THÉODORE, *l'interrompant.* Oh! non, non merci!.. je ne veux pas chanter de quelque temps.

FANNY, *à part.* O ciel!

BERTHAUX. Comment?

THÉODORE. Non... je ne m'y sens plus disposé... je ne comprends pas les gens qui sont toujours prêts, qui chantent toujours... et tenez, je sens que si j'étais obligé d'en faire un état, je n'aurais plus de voix... je ne chanterais plus.

FANNY. Oh! quelle idée!

BERTHAUX, *à part.* Ça se trouve bien!

THÉODORE. Je chante par complaisance, par amitié... à la bonne heure... c'est pour cela que je tiens à des égards...

FANNY. Dam!.. quand on a autant de talent que vous!

THÉODORE. Oh!.. toi aussi, tu vas me flatter!.. le fait est qu'hier j'étais en voix...

BERTHAUX. Parbleu!.. il y a ce fameux morceau... oui... qui commence... Parbleu!...

THÉODORE. Ah! oui... en ut majeur.

BERTHAUX. Juste, celui-là... ah! il est délicieux!

THÉODORE. Il me gêne pourtant, il est trop haut pour moi.

BERTHAUX, *avec aplomb.* Trop haut, il faut le mettre en ut mineur.

FANNY, *bas.* Ah! s'il parle musique...

THÉODORE, *riant.* Oh! oh!.. savez-vous

que vous n'êtes pas fort... vous n'êtes pas musicien !

BERTHAUX. Eh! eh!.. je n'ai jamais joué que du mirl...

FANNY, *toussant.* Hum ! hum !.. ce que vous avez surtout bien chanté, Théodore, c'est Grétry.

THÉODORE. Oui, oui, n'est-ce pas !..

Du moment qu'on aime,
On devient si doux.

Ah! qui ne se sentirait ému à cet air qui va à l'ame ! pas de bruit, pas de tapage... c'est simple, c'est vrai... ah ! monsieur le duc, c'est une si grande jouissance que la musique... la bonne et touchante musique surtout!... je ne l'entends, je ne la chante jamais que des pleurs ne coulent de mes yeux... mon cœur se dilate, s'épanouit, plus de chagrins, plus de regrets, je suis heureux... c'est mon soleil à moi... ah! c'est que je sens cela, voyez-vous...

(*Chantant.*)
Du moment qu'on aime...

(*S'interrompant.*) Fanny, où es-tu donc ?.. je ne te sens pas près de moi... ma fille !..

FANNY. Me voilà.

BERTHAUX. Bah !

THÉODORE, *riant.* Pardon, monsieur le duc... c'est ma fille... nous sommes à peu près du même âge, mais c'est égal... elle a tant de soins pour moi... et tenez, vous-même, elle vous défendait hier, quand je me plaignais de vous... elle me soutenait que vous me faisiez des gestes pour me remercier.

BERTHAUX. Ça, c'est vrai !..

THÉODORE, *riant.* Des gestes !.. pauvre Fanny !.. pour vous autres, à la bonne heure.. mais moi, vous m'en feriez jusqu'à demain que je ne m'en apercevrais... (*En parlant, il cherche la main de Fanny qui avait le doigt sur la bouche pour faire taire Berthaux.*) A qui fais-tu donc signe de se taire?

FANNY. Moi !.. mais non... je vous assure.

BERTHAUX, *à part.* Il voit !

FANNY. Je faisais signe à monsieur le duc de rester.

THÉODORE. Ah! vous nous quittez... vous êtes bien pressé ?

BERTHAUX. Mais oui... (*A part.*) Tiens! j'oubliais... (*Haut.*) Très-pressé... voilà l'heure du déjeuner... on n'aurait qu'à commencer sans moi...

THÉODORE. On n'oserait pas.

BERTHAUX. Oui... ils se gêneraient... (*A part.*) Avec ça, des commis... c'est goulu ! (*Haut et s'oubliant.*) Quelquefois, ils vous laissent une pomme en tout et pour tout.

THÉODORE. Plaît-il?

(Fanny fait signe.)

BERTHAUX, *se reprenant.* Je dis que j'arrive entre la pomme et le... (*A part.*) Nous n'avons que ça, des pommes et du fromage.

THÉODORE. Mon Dieu ! monsieur le duc, si j'osais vous prier de vouloir bien déjeuner avec moi...

(Fanny fait signe à Bertaux de refuser.)

BERTHAUX, *sans paraître la voir.* Au fait... c'est une idée...

THÉODORE. Vous acceptez?

BERTHAUX. Parbleu! je...

FANNY, *l'interrompant.* C'est que ça tombe très-mal; ne nous attendant pas à cet honneur, il n'y a de prêt que le chocolat de monsieur.

THÉODORE. Eh bien ! nous irons déjeuner chez le restaurateur qui est tout près d'ici... j'aime ça, moi... ça me change.... et puis, une partie de garçons... hem ?

BERTHAUX. Puisque vous le voulez absolument... (*Bas à Fanny.*) Pauvre jeune homme ! ça lui fera plaisir. (*Haut.*) Mais sans façon, sans cérémonie, du champagne...

THÉODORE, *riant.* A la bonne heure.... vous êtes un bon vivant... et moi aussi.... et très-gai... vous verrez ça.

BERTHAUX. Nous boirons à... (*regardant Fanny*) à la beauté!

THÉODORE. Et je vous chanterai quelque chose de guilleret. (*Bas.*) Fanny ne sera plus là.

BERTHAUX. Eh ! eh ! gaillard !

THÉODORE. Oui, n'est-ce pas... eh ! eh !.. (*Il se met en garde et lui donne un coup dans les côtes.*) Touché !..

BERTHAUX. Ah !

THÉODORE. Pardon!

BERTHAUX. Ce n'est rien !.. (*à part.*) Ce diable d'aveugle !.. il tape comme un sourd.

THÉODORE. Eh! vite ! ma toilette... ma bourse, ma voiture...

BERTHAUX. Bien!... moi, je cours au magasin...

THÉODORE. Vous dites ?..

(Fanny fait un geste.)

BERTHAUX. Oui... au magasin en face... où j'ai fait des emplètes... j'ai un gros mémoire à solder... ça va me ruiner... mais c'est vous qui payez le déjeuner... ça me rassure.., adieu !

THÉODORE. A revoir...

BERTHAUX, *bas à Fanny.* Je vais reporter les étoffes que cette grosse baronne n'a pas trouvées de son goût.

FANNY, *de même.* Mais le concert de demain... songez-y !

THÉODORE. Hein ?.. qu'est-ce que vous dites-là ?

BERTHAUX. Oh ! je dis... je dis qu'il faudra bien que je vous décide à venir chanter.

THÉODORE. Pas du tout !

BERTHAUX.

AIR : *Mon cœur à l'espoir s'abandonne.*

A mon concert, surtout laissez-moi croire
Que vous viendrez chanter... Mais pour l'instant,
Je vais, mon cher, acquitter mon mémoire,
Et je serai chez vous dans un moment.
Mais pas d'excès ; déjeuner raisonnable,
Huîtres, perdrix, truffes, vin excellent...
Car quoique duc, j'ai, quand je suis à table,
L'appétit d'un commis-marchand.

ENSEMBLE.

THÉODORE.

A ce concert, surtout n'allez pas croire
Que je pourrai chanter... mais pour l'instant,
Allez bien vite acquitter ce mémoire,
Mais revenez ici dans un moment.

FANNY.

A son concert, allons, laissez-le croire,
Que vous irez chanter... mais pour l'instant,
Allez, monsieur, acquitter ce mémoire,
Mais revenez ici dans un moment.

BERTAUX.

A mon concert surtout, etc.

(*Il sort.*)

SCENE V.

THÉODORE, FANNY, ADRIEN.

THÉODORE, *appelant.* Adrien ! Adrien !.. (*Grondant.*) S'imaginer que j'irai encore chanter chez lui.

FANNY. Pourquoi pas?

THÉODORE. Oh ! ma foi non... c'est assez comme ça !... (*Appelant.*) Adrien !.. où diable est-il ?

FANNY. Adrien... je l'ai envoyé quelque part.

THÉODORE. Là ! qui est-ce qui va me donner ce qu'il me faut ?

FANNY. Mon Dieu ! mais ne suis-je pas là ?...

THÉODORE, *contrarié.* Allons donc ! est-ce que je n'ai pas des domestiques !... il est vrai que tu en as déjà renvoyé un...

FANNY. Mais il me semble...

THÉODORE, *s'impatientant.* Eh non ! que diable !... je suis riche, je puis me faire servir, et je me fâcherai, si...

FANNY, Ah ! ce n'est pas bien ce que vous dites là.

THÉODORE, *changeant de ton.* Oh ! ça te chagrine ce que je te dis là !.. (*S'approchant d'elle et lui prenant la main.*) Bonne Fanny !... c'est que je ne veux pas que tu prennes tant de peine.

FANNY. Ça me fait plaisir à moi !... est-ce que vous n'aimez pas mieux m'avoir près de vous qu'un autre ?...

THÉODORE. Oh ! si fait !...

AIR *nouveau de M. Clapisson.*

Quand je suis là, près de mon bon génie,
Quand doucement ma main presse ta main,
Je suis heureux ! mon ame réjouie
S'endort tranquille et brave le chagrin.
Si je suis seul, tout s'attriste, tout change,
Qu'un oiseau vole, alors de t'appeler...
Reviens, reviens, je crois que c'est mon ange,
Qui m'abandonne et vient de s'envoler.

Allons, allons à ma toilette.

FANNY. Tout de suite.

ADRIEN, *qui est entré, bien bas à Fanny qui apporte un habit bleu.* Mamzelle...

THÉODORE. Ah ! c'est Adrien !... tu vas m'aider...

FANNY. Pas du tout, monsieur... cela me regarde.

THÉODORE. C'est juste... en ce cas, il va faire mettre mes chevaux... je veux ma voiture.

FANNY. Mais...

THÉODORE. Ah ! je la veux, je veux aller en voiture, moi... tiens ! quand on en a une.

FANNY. C'est bien !... Adrien, vous avez entendu votre maître... allez... (*Bas.*) La citadine ordinaire.

ADRIEN, *bas.* Le notaire était parti pour la campagne chez M. de Lucy.

FANNY, *de même.* Chez M. de Lucy.

ADRIEN, *de même.* Il est très-malade !...

THÉODORE. Hein ?... qu'est-ce voue dites donc là ?

FANNY. Je lui disais que vous trouvez votre voiture trop dure.

THÉODORE. Mais oui, pas mal comme ça ?...

ADRIEN, *à part.* Je crois bien, le n° 677.

FANNY. Allons, monsieur !

THÉODORE. Ce n'est pas l'éternel habit bleu ?

FANNY. Non... c'est le noir.

THÉODORE, *tâtant.* C'est drôle, c'est extraordinaire ?... ça doit bien habiller le noir, ça doit être gentil ? c'est que vois-tu, je suis coquet, pas pour moi, ça m'est bien égal... mais pour les autres... pour toi !...

FANNY, *avec intention.* Il va très-bien ; il faudra le mettre demain pour aller chez M. de Méris.

THÉODORE. Je n'irai pas !

FANNY. Mais, pourquoi ?

THÉODORE. Parce que je n'irai pas !

FANNY. Ça lui ferait tant de plaisir !...

THÉODORE. Et puis, toujours chanter... j'aimerais mieux un bal... j'adore la danse moi... surtout, quand c'est toi qui me guides, qui me conduis... ça m'amuse, ça me repose... et je ne danse pas mal, hein?.. (*Il fait quelques pas et saute.*) Il y a des gens qui trouvent ça singulier... le jour que je te faisais valser à Sceaux, j'entendais dire autour de moi... « Tiens! un » aveugle! il danse!... » Imbécilles!...

FANNY. On dansera peut-être chez M. le duc...

THÉODORE. Oh! ton duc toujours!... tiens!... je le trouve bête...

FANNY. Oh! un duc!... il n'a pas besoin...

THÉODORE. Et puis, il n'a pas très-bon ton.

FANNY. Vous trouvez!

THÉODORE. Non... et, chez lui, tiens, il y a des gens si singuliers... croirais-tu qu'hier... un de ces messieurs s'est approché de moi et m'a dit : « Combien pren» driez-vous pour chanter sur un théâ» tre?... »

FANNY. Ah!... on vous a dit..

THÉODORE. Hein? quel ton! il me semble que chez mon père c'était mieux... je me rappelle une foule de gens distingués qui m'ont oublié!

FANNY, *à part.* Heureusement!

THÉODORE. J'aurais cependant du plaisir à entendre encore certains noms...

ADRIEN, *annonçant.* Mme la baronne de Bradel.

THÉODORE, *avec joie.* Ah! mon Dieu!.. la baronne!... ce nom-là... je me souviens... une amie de ma famille.

FANNY, *vivement.* Dites que M. Théodore n'y est pas.

THÉODORE. Si fait!... si fait!... qu'elle entre.

SCENE VI.

THÉODORE, Mme DE BRADEL, FANNY.

Mme DE BRADEL. Certainement, j'entrerai... où est-il donc ce cher Théodore de Lucy!...

THÉODORE. Ah! c'est sa voix!... je la reconnais!

Mme DE BRADEL. C'est lui!...

THÉODORE. Madame la baronne de Bradel!.. ah! qu'il y a long-temps... par quel heureux hasard?.. Adrien, des siéges...

Mme DE BRADEL. Je ne me trompe pas.

THÉODORE. Je croyais que vous m'aviez oublié.

(Ils sont assis.)

Mme DE BRADEL. Mon Dieu! mon cher Théodore, le moyen de vous trouver dans Paris.

THÉODORE. Eh mais! ce n'est pas difficile, je pense; mon hôtel est connu.

Mme DE BRADEL. Permettez; votre hôtel?

FANNY, *vivement.* Sans doute.

(Elle fait des signes, Mme de Bradel la regarde avec surprise.)

THÉODORE. Dites donc plutôt que vous vous êtes tous rangés du côté de mon cousin!... et que vous avez voulu me punir d'avoir gagné mon procès contre lui.

Mme DE BRADEL, *stupéfaite.* Ah!... vous avez gagné votre procès?

FANNY, *de même.* Mais oui... tout-à-fait!

THÉODORE. Eh! ne le savez-vous pas?... ce vieux cousin!... il a voulu me disputer mon titre, ma fortune... c'était un procès à l'honneur de ma mère!... je me suis défendu, j'ai gagné!.. Mais je lui ai fait offrir une pension, il a refusé... il m'en veut... il ne vient pas me voir!

Mme DE BRADEL. Il est fort malade en ce moment.

THÉODORE. Lui! mon cousin... il est malade!... et je n'en savais rien!... j'irai aujourd'hui... eh! mon Dieu! il a de la rancune... moi, je n'en ai pas... je n'en ai jamais! mais il m'aimait autrefois... et tenez, je suis sûr que nous serions très-bien ensemble, si quelques amis s'en fussent mêlés... vous, par exemple, madame la baronne, vous pourriez...

Mme DE BRADEL, *regardant avec anxiété Fanny.* Oui... vous réconcilier... oui, maintenant que je vous ai retrouvé, par hasard... car si je n'eusse cru vous reconnaître, hier au soir, à ce concert où j'étais avec ma fille.

THÉODORE. Votre fille! attendez donc... mademoiselle Laure... une petite folle, un enfant qui jouait avec moi... elle doit être grande à présent.

Mme DE BRADEL. Oui, et bien belle.

THÉODORE. Elle est mariée?

Mme DE BRADEL. Non, pas encore, nous vous écoutions chanter devant ce public...

FANNY, *vivement.* Ah! oui... à la soirée de M. le duc de Méris.

Mme DE BRADEL. De M. le duc...

THÉODORE. Bah! vous y étiez!... vous le connaissez donc?

FANNY, *vivement.* Puisque madame va chez lui... je me rappelle maintenant... j'ai vu M. de Méris parler à madame.

Mme DE BRADEL, *à part.* La petite aussi!.. nous jouons aux charades, à ce qu'il paraît.

THÉODORE. Eh bien! vous allez le voir.

Mme DE BRADEL. Le duc?

THÉODORE, *se levant*. Eh! oui... le duc! il va venir me prendre pour déjeuner avec moi... Eh mais! qu'a-t-elle donc, cette chère baronne? on dirait qu'elle est tout étonnée que je connaisse le duc de Méris... puisque je chantais chez lui hier.

FANNY. Certainement!... M. Théodore va à toutes ses soirées... il y va encore demain.

THÉODORE. Je n'ai pas dit cela.

Mme DE BRADEL. Ah! oui... un concert... j'ai reçu des billets.

THÉODORE. Des billets?...

FANNY. Comme vous... une lettre d'invitation... je l'ai ici...

ADRIEN, *annonçant*. M. le duc de Méris.

SCENE VII.

LES MÊMES, BERTHAUX, ADRIEN, *plus tard*.

BERTHAUX, *sans voir la baronne*. Merci; mon cher, merci... ce bon Théodore!... je l'ai fait attendre... ce n'est pas ma faute.... car je meurs de faim !!

FANNY, *bas*. Silence!

BERTHAUX. Non, vrai!... j'ai une faim de loup. (*Bas.*) Ils ne m'avaient rien laissé, rien!... qu'une pomme et trois noix.

Mme DE BRADEL. Que vois-je?

THÉODORE. Eh bien! monsieur le duc...

Mme DE BRADEL, *à part*. Eh! c'est mon petit commis de nouveautés de ce matin!

THÉODORE. Vous ne reconnaissez donc pas la baronne?

FANNY, *bas*. Dites que si...

BERTHAUX, *passant à la baronne*. Assurément, madame la baronne de... (*A part.*) Ah! bah! ma grosse désagréable!..

THÉODORE. Eh bien?

BERTHAUX. Madame la baronne, certainement, je suis trop heureux de vous revoir... chez ce cher Théodore.

Mme DE BRADEL, *partant d'un éclat de rire*. Ah! ah! ah!

BERTHAUX. Plaît-il?

THÉODORE. Qu'est-ce donc...? cet accès de gaîté...

FANNY, *bas*. Madame!

Mme DE BRADEL. Ce n'est rien. M. le duc est habitué à ces familiarités-là... et à bien d'autres encore. Il sait que je ne puis jamais le regarder sans penser à une ressemblance singulière.

THÉODORE. Une ressemblance!..

BERTHAUX. Ah! oui.. avec mon cousin.. le colonel de cavalerie... (*à part*) il est sergent de voltigeurs.

Mme DE BRADEL. Mais non; vous savez, avec un commis de nouveautés.

THÉODORE. Ah! bah!

FANNY, *à part*. Ciel!

Mme DE BRADEL. Qui m'apporte souvent des marchandises, et que, ce matin encore, j'ai presque mis à la porte.

BERTHAUX. Permettez...

Mme DE BRADEL, *riant*. C'est ça... c'est ça .. Ah! ah! ah!

THÉODORE, *riant aussi*. Vrai! ah! ah! c'est plaisant!

BERTHAUX. Vous trouvez? (*Se laissant aller à rire comme eux.*) Ah! ah! ah!... c'est juste! (*Fanny, très-inquiète, fait un signe à Adrien qui paraît dans le fond.*) Elle a un rire satanique.

ADRIEN. La voiture de monsieur est prête.

Mme DE BRADEL, *étonnée*. Hein?.. la voiture de qui, dites-vous?

FANNY. La voiture de M. Théodore.

THÉODORE. Pardon, madame la baronne... je ne m'attendais pas à votre aimable visite .. et j'allais, ici près, déjeuner avec M. le duc.

Mme DE BRADEL. Avec monsieur?

FANNY, *bas, la retenant*. Par pitié, madame.. je vous dirai tout.

(Mme de Bradel la regarde sans comprendre.)

THÉODORE. Fanny, ma bourse?

FANNY. Voilà... tout de suite.

THÉODORE. Mon chapeau... (*Adrien lui apporte son chapeau.*) Ah! j'oubliais...

(Il a la main sur le foulard que Bertaux a glissé sur la table et va le mettre dans sa poche.)

BERTHAUX. Eh! mais qu'est-ce que vous prenez là?

THÉODORE. Eh bien! mon foulard?

BERTHAUX. Mais... (*Bas à Fanny qui lui fait signe de se taire.*) Eh! non, c'est celui de ce matin, que j'ai apporté pour vous.

FANNY, *bas*. Je l'ai refusé, monsieur Berthaux.

BERTHAUX, *de même*. Vous refusez tout... jusqu'à un entretien que je vous demande pour aujourd'hui.

FANNY, *de même*. Eh! oui! si vous partez à l'instant.

Mme DE BRADEL, *à part*. Ils causent.... le commis s'entend avec la petite.

BERTHAUX. Eh! vite, mon cher Théodore... vos chevaux s'impatientent.

THÉODORE. Vous permettez, madame la baronne?

Mme DE BRADEL. Je vous en prie même, je reste ici... vous m'y retrouverez peut-être... j'ai à parler à mademoiselle.

THÉODORE. Fanny!

BERTHAUX. Madame la baronne de Bradel!

Mme DE BRADEL. Monsieur le duc de l'aune.

BERTHAUX, *à part.* Je suis toujours pour ce que j'ai dit : c'est une grosse désagréable.

THÉODORE.

AIR *de sortie.*

C'est bien, je vous la recommande
Pour tout le bien que je lui dois,
Et pour elle aussi je demande
L'amitié que l'on a pour moi.
Compagne empressée et fidèle,
Je lui dois mon repos et mieux...
Cette gaîté toujours nouvelle
Que l'on a lorsqu'on est heureux.

BERTHAUX. Eh bien! mon cher Théodore, je vous attends; venez donc.

ENSEMBLE,

THÉODORE.

Nous sommes en retard, je pense,
Venez avec moi sans façon,
Je me sens tout joyeux d'avance,
De ce déjeuner de garçon.

BERTHAUX.

Nous sommes en retard, je pense,
Allons ensemble sans façon,
Je me sens tout joyeux d'avance
De ce déjeuner de garçon.

LA BARONNE.

Nous sommes seuls, et je pense,
De tout je saurai la raison;
Elle se trouble en ma présence,
Il faut éclaircir ce soupçon.

(*Ils sortent.*)

SCENE VIII.

FANNY, Mme DE BRADEL.

FANNY. Ah! je suis toute tremblante!

Mme DE BRADEL. Eh bien! mademoiselle, j'ai fait ce que vous avez voulu... j'ai gardé le silence... mais me direz-vous enfin ce que cela signifie?

FANNY. Ne le devinez-vous pas, madame?

Mme DE BRADEL. Je ne devine rien, pas même votre position près d'un jeune homme que vous tenez tant à tromper.

FANNY. Ah! madame... sans doute, je le trompe... il le faut bien.

Mme DE BRADEL. Comment?

FANNY. Il était resté seul, orphelin, lorsque, vous le savez, M. de Lucy, son cousin, lui fit un procès affreux, et finit par le faire déclarer...

Mme DE BRADEL. Enfant illégitime... c'était mal peut-être, mais de Lucy était pauvre, et ce jugement fit tomber en ses mains une belle fortune.

FANNY. Oui, madame, la fortune de M. Théodore, qui resta sans ressource, nous le flattions encore du gain de son procès, toujours heureux, toujours chantant, il vivait dans une sécurité profonde.. et long-temps, on n'eut pour soutenir le train de vie auquel il était habitué, que les économies du vieux serviteur de sa famille.

Mme DE BRADEL. Que me dites-vous là?

FANNY. Il fallut quitter l'hôtel de son père... abandonner ses meubles, sa voiture, ses gens, et l'amener dans ce modeste appartement, sans qu'il se doutât de son changement de fortune. Mais le moyen de conserver cette espèce de luxe qui l'entourait... sans une idée qui vint à un ami de mon oncle, et qui nous sauva.

Mme DE BRADEL. Ce pauvre jeune homme! Continuez donc, mon enfant, cela devient intéressant.

FANNY. M. Théodore, vous le savez, madame, est un musicien très-distingué.

Mme DE BRADEL. Oui, oui, une belle voix.

FANNY. Cet ami nous conseilla de le faire chanter dans un concert public... mais jugez de sa douleur, s'il eût appris qu'il avait tout perdu!.. tout, jusqu'au nom de son père! Il était douteux même qu'il consentît à chanter pour de l'argent, lui, si fier! Alors, mon oncle imagina de le conduire au concert, comme à une soirée, où il venait faire sa partie avec des gens du monde. Son talent devint, à son insu, un état et une fortune qui nous permirent de lui épargner des chagrins dont il serait mort, madame.

AIR *d'Aristippe.*

Ainsi, le malheur et la gêne
N'ont pu lui ravir sa gaîté,
Car de son cœur nous écoutions la peine.

Mme DE BRADEL.

Ah! pauvre enfant, que de bonté!

FANNY.

Sans soupçonner la pitié qu'il inspire,
Il n'a plus que moi pour appui.

Mme DE BRADEL.

Oui, je comprends, il peut chanter et rire,
Et c'est vous qui souffrez pour lui.

Ainsi, ce duc de Méris chez qui il croit chanter...

FANNY. C'est un filleul de mon oncle... un commis-marchand du magasin en face, un bon jeune homme.

Mme DE BRADEL. Oui... un imbécille... il faut que la noblesse soit bien tombée pour qu'il fasse illusion. Ah ça! et votre oncle?

FANNY, *essuyant une larme.* Il est mort!

Mme DE BRADEL. Ah! et vous êtes restée seule ici?

FANNY. Eh sans cela, que serait devenu

Théodore... lui, mon ami, mon frère... car il m'appelle sa sœur... il n'avait plus que moi au monde.

Mme DE BRADEL. J'entends bien, mais seule, dans cette maison, près d'un jeune homme qui pour être aveugle n'en a pas moins un cœur... cela peut donner à penser.

FANNY, *la regardant avec naïveté.* Madame, je ne vous comprends pas.

Mme DE BRADEL. Le monde aime à causer, et l'amitié passe aisément pour de l'amour.

FANNY. Ah! je n'y ai jamais pensé.

Mme DE BRADEL. Croyez-moi... vous n'êtes plus d'âge l'un et l'autre à braver un pareil danger... et je ne serais pas surprise qu'on ne se fût déjà autorisé de cette position équivoque pour chercher à se faire aimer de vous... ce M. Berthaux par exemple.

FANNY. En effet, ce matin encore...

Mme DE BRADEL. Il n'y a pas de mal... au contraire... c'est un parti convenable... mais Théodore, c'est différent... votre présence près de lui peut vous compromettre tous les deux... une séparation....

FANNY. Que dites-vous, madame? que deviendrait-il sans moi?

Mme DE BRADEL. Rassurez-vous... On a peut-être en ce moment des projets.

FANNY. Ah! quel espoir!.. M. de Lucy...

Mme DE BRADEL. Il pourra faire quelque chose pour son cousin... à la condition d'une alliance honorable, et s'il accepte ce que je vais lui proposer, je réponds de son bonheur, que votre séjour près de lui rendrait impossible.

FANNY. Son bonheur! oh! à ce prix, je partirai, madame, je partirai!

(On entend Théodore chanter.)

Mme DE BRADEL. C'est lui! restez... secondez-moi.

SCENE IX.

LES MÊMES, ADRIEN, THÉODORE.

THÉODORE, *riant.* Ah! ah! ah! ce grand imbécille qui sans regarder devant lui me criait casse-cou! casse-cou!.. il est allé se casser le nez contre ma voiture. Ah! ah! ah! ce que c'est que de n'avoir pas ses yeux au bout de ses doigts. (*A Adrien.*) Merci, Adrien.

Il avait de bon vin,
Le seigneur châtelain!
A sa santé si chère,
Buvons...

C'est toi, Fanny? (*Il lui tend la main, la baronne la prend.*) Tiens! mais, non, ce n'est pas toi.

Mme DE BRADEL. C'est moi, mon cher Théodore.

THÉODORE. Ah! c'est Mme la baronne de Bradel.. Mais, Fanny, est-ce que tu n'es pas là?

FANNY, *qui essuyait ses larmes.* Si, si, me voilà.

THÉODORE. A la bonne heure donc!

Mme DE BRADEL. Vous avez déjeuné bien vite.

THÉODORE. Oui, n'est-ce pas? (*Riant.*) Ah! ah! ah! le drôle de corps que ce duc de Méris!.. il ne tient pas en place. A peine étions-nous à table, qu'on est venu le chercher de la part d'un M. Leblanc, je crois.

Mme DE BRADEL, *à part.* Le maître du magasin.

FANNY. Quelque affaire, peut-être.

THÉODORE. Oui, une affaire très-importante, à ce qu'il paraît.. car, à peine s'est-il donné le temps de me faire des excuses... il est parti comme un trait... autant que j'ai pu juger par la chute de deux ou trois chaises... si bien qu'en me levant j'ai failli faire comme elles.

Mme DE BRADEL. L'impertinent!

THÉODORE. Vous trouvez... c'est possible... mais il est très-gai, très-amusant.... ah! ah! ah! il m'a dit une foule de folies dont je ris encore... enfin, il m'a mis de si bonne humeur que je lui ai promis de chanter demain à sa soirée.

FANNY. Ah! vous avez bien fait!

Mme DE BRADEL. Demain encore!. mais y pensez-vous?

(Fanny lui fait signe de se taire.)

THÉODORE. Puisque Fanny le veut... avec ça que je me sens en verve ce matin.. et j'ai voulu rentrer tout de suite, pour étudier cette nouvelle partition d'Auber avec toi.. c'est si chantant!.. il y a tant d'esprit dans cette musique-là!.. Quand nous serons seuls tous les deux... (*bas à Fanny*) dis donc, est-ce qu'elle ne s'en ira pas?

Mme DE BRADEL. Mais, mon cher Théodore, voilà des plaisirs bien monotones pour vous... de la musique, toujours de la musique, il me semble que vous pourriez jouir d'un bonheur moins négatif... vous mêler davantage à ce monde que vous connaissez si mal... et que vous ne voyez qu'en rêve.

THÉODORE. C'est juste; mais le moyen?. Il y a dix-huit ans que j'ai pris mon parti, et je n'y pense plus.

Mme DE BRADEL. Vous avez tort... j'étais hier à ce concert, à cette soirée où vous chantiez, près d'un médecin ou chirurgien, que sais-je... un jeune docteur, très-aimable, très-habile.

THÉODORE, *avec humeur.* Ah! ah!... je comprends... vous avez parlé de moi.

Mme DE BRADEL. Sans doute... et il me disait que si vous vouliez qu'on vous rendît la vue...

THÉODORE, *avec impatience.* Oh! assez, madame, assez! c'est bon pour le théâtre et les romans.

AIR :

De tous les maux on s'y console,
Les miracles n'y coûtent rien,
Aux muets on rend la parole,
La vue aux aveugles; c'est bien!
Mais n'ébranlez pas ma constance,
Gardez-vous par un faux attrait,
De me donner une espérance,
Pour ne me laisser qu'un regret.

FANNY. Et pourquoi donc repousser un bienfait?

THÉODORE, *vivement.* Et si je n'en veux pas!.. si je suis heureux!

Mme DE BRADEL. Heureux?

THÉODORE. Pourquoi pas? eh! oui, heureux!.. Oh! je dois vous trouver incrédule, vous qui, habituée à des jouissances qui me sont inconnues, ne comprenez rien à celles que je me suis faites... Seul avec moi-même, je me crée un monde cent fois plus beau que celui que vous habitez.. des plaisirs que les vôtres ne sauraient me rendre!.. je ne connais que des figures pures et belles, et si le vice leur imprime sa laideur, la bètise sa stupidité, mon ame ne saurait s'en effrayer, je ne les vois pas!.. mais si une voix bien douce fait battre mon sein, c'est un ange qui est là, près de moi, une femme que j'aime à parer de tous les charmes que j'ai rèvés! c'est la grâce, la beauté même... il me semble que le ciel s'est ouvert pour moi, et que dans mon cœur a passé un rayon de ce soleil, que je ne vois pas, mais que je sens... si beau, si enivrant, qu'il perdrait sans doute à être vu... je veux le croire au moins!.. qu'une musique vive ou tendre vienne m'arracher ou le rire ou les pleurs... que quelque récit éveille en moi un intérêt touchant.... que la voix de Fanny, de ma sœur, prête son charme adoré aux pages d'un roman, je n'en perds pas une note, pas un mot!.. et quand votre attention distraite s'égare sur ce qui vous environne, moi, seul avec l'illusion qui s'empare de tout mon être, je m'abandonne sans partage aux impressions que j'ai reçues... et long-temps après, je retrouve encore au fond de ma pensée, ces tableaux que j'ai animés, ces émotions, ces plaisirs que j'ai sentis, et que le bruit du monde, les gambades d'un singe, ou la parole d'un sot, vous ont déjà fait oublier. Tous ces sentimens dont vous êtes si fiers, je les éprouve aussi, mais exclusifs, mais fidèles!.. J'ai une ame, voyez-vous, oh! une ame de feu!.. qui s'ouvre avec délices aux charmes si doux de l'amitié, aux rèves brûlans de l'amour!.. Voilà mon sort, madame; j'en suis heureux, et je ne veux pas le jouer contre des douleurs inutiles et des espérances déçues. Pour moi, que gagnerais-je à changer?.. et quant aux autres...(*Saisissant la main de Fanny*) oh! je suis sûr que Fanny m'aime autant comme ça!

FANNY. Oh! oui, toujours!

Mme DE BRADEL. C'est bien... mais, vous vous devez... vous devez à vos amis d'avoir d'autres pensées... et si l'on voulait vous donner une compagne.

THÉODORE. J'en ai une.

Mme DE BRADEL. Vous marier.

THÉODORE, *très-gaîment.* Me marier!.. Au fait, je serais un mari parfait... Ah! me marier!

Mme DE BRADEL. Oui, un parti... digne de vous, de votre... (*s'interrompant*) de votre famille...

FANNY, *à part.* Il n'en a pas.

Mme DE BRADEL. De votre fortune.

FANNY, *à part.* Que veut-elle dire?

Mme DE BRADEL. Quant à mademoiselle..

THÉODORE. Fanny.

Mme DE BRADEL. Il y aurait de l'ingratitude à oublier les soins qu'elle a pour vous, on lui fera un sort.

THÉODORE. Ça me regarde.

Mme DE BRADEL, *appuyant.* Un sort qui ne compromettra personne... et si elle aime quelqu'un...

FANNY. Madame!

THÉODORE, *vivement.* Qui donc?

Mme DE BRADEL, *bas, en souriant.* Le duc de Méris vous le dira. (*Haut.*) Mais, je vous quitte.

AIR : *Valse de Robin des Bois.*

Chez mon notaire, il faut me rendre,
Mais la nouvelle que j'attends
Bientôt je reviens vous l'apprendre,
Ici nous serons tous contens.

THÉODORE.

Je ne sais quel trouble m'oppresse !

Mme DE BRADEL, *regardant Fanny.*

Oui, chacun fera son devoir.

FANNY.

Sans doute... (*A part.*) Cachons ma tristesse
Que par bonheur il ne peut voir.

(*L'orchestre seul finit l'ensemble. On ne chante pas. Théodore reste interdit pendant que Fanny va reconduire Mme de Bradel.*)

SCENE X.

THÉODORE, FANNY.

FANNY, *à part.* Oh ! qu'il ne sache pas, qu'il ne sache jamais!

THÉODORE. Fanny !

FANNY. Théodore... monsieur Théodore !

THÉODORE, *avec douleur.* Fanny !.. c'est la première fois que je t'appelle à deux reprises, sans que tu accoures auprès de moi. (*Il lui tend la main.*) Oh ! comme ta main tremble!

FANNY. Ma main... non... je vous assure.

THÉODORE. Si fait... et moi-même... ce que j'éprouve là.... cette baronne, elle avait bien besoin de venir ici, pour parler de son charlatan, de ses idées de mariage, de... Ciel ! tu pleures !

FANNY, *vivement.* Non !... je ne crois pas.

THÉODORE. Tu pleures !... Qu'est-ce donc?.. Fanny, ce qu'elle disait... que tu aimes quelqu'un.

FANNY. Je n'ai pas dit cela.

THÉODORE. Non, n'est-ce pas?.. et me quitter... est-ce que tu y consens ?.. est-ce que tu ne m'aimes plus?

FANNY. Oh ! ne m'interrogez pas... laissez-moi... vous serez heureux, monsieur Théodore.. heureux !.. (*avec effort*) et moi aussi...

(Elle sort vivement.)

SCENE XI.

THÉODORE, *seul.*

Eh bien ! elle s'en va !.. elle me quitte ! Fanny... un mariage... avec qui donc ?... le duc de Méris vous l'apprendra... elle me l'a dit.

SCÈNE XII.

BERTHAUX, THÉODORE.

BERTHAUX, *un cure-dents à la main.* Diable de patron... il n'a pas le moindre égard.. me déranger aux huîtres !

THÉODORE. Ah ! monsieur de Méris... je ne me trompe pas, c'est vous ?

BERTHAUX. Vous m'avez joliment attendu !.. je retourne au restaurant pour reprendre la conversation où je l'avais laissée avec cet excellent pâté de foies gras.. personne... vous étiez parti, et le pâté aussi !

THÉODORE. Bien... bien !

BERTHAUX. Comment, bien... mais moi, ça ne faisait pas mon compte... j'ai fait revenir les absens... vous aviez payé pour que je consommasse, et j'ai consommé.

THÉODORE, *avec impatience.* Ecoutez-moi...

BERTHAUX. Il faut me rendre justice.... j'ai bien déjeuné.

THÉODORE, *éclatant.* M'écouterez-vous enfin !

BERTHAUX. Quoi donc... qu'est-ce qu'il y a ?.. vous avez un air tout singulier !

THÉODORE. Oui, je ne sais ce que j'éprouve... j'étouffe... je suis brisé !..

BERTHAUX. Brisé... et moi aussi... Dieu ! était-il dur votre satané fiacre... ah ! qui que vous soyez, gardez-vous du 677.

THÉODORE. Répondez-moi... vous savez, car on me l'a dit... vous savez que Fanny aime quelqu'un ?

BERTHAUX. Fanny !.. Mlle Fanny !.. il se pourrait !

THÉODORE. Cela paraît vous étonner ?

BERTHAUX. Pas du tout... (*A part.*) J'étais sûr qu'elle y viendrait.

THÉODORE. Elle aime quelqu'un... et je n'en savais rien...

BERTHAUX. Ah dam ! une jeune fille a ses petits secrets.

THÉODORE. On a cherché à la séduire, à la tromper... et moi, je ne pouvais veiller sur elle...

BERTHAUX. Permettez... permettez...

THÉODORE, *s'arrêtant tout-à-coup et comme par réflexion.* Quelque grand seigneur, peut-être?

BERTHAUX. Je ne crois pas.

THÉODORE, *rassuré.* Ah ! mais alors vous ne devinez pas qui?

BERTHAUX. Je le présuppose.

THÉODORE, *le prenant fortement.* Mais qui donc ?.. parlez, parlez!..

BERTHAUX. Mon Dieu, comme vous y allez!.. vous casseriez un homme!..

THÉODORE. Pardon!.. mais celui qui ose l'aimer?..

BERTHAUX. C'est un jeune commis marchand.

THÉODORE. Un commis-marchand!.. mais où l'a-t-il vue?.. comment le connaît-elle?.. un commis-marchand!.. quelque petit fat, je gage?.. un sot!

BERTHAUX. Non, non... il a de l'esprit, beaucoup d'esprit...

THÉODORE. Assez!

BERTHAUX, *jouant avec son cure-dent.* C'est un homme agréable... bel homme du reste.

THÉODORE, *avec violence.* Assez, assez...

BERTHAUX, *à part.* Ma foi, je me fais bonne mesure.

THÉODORE. Mon guide, mon appui, ma famille! que vais-je donc devenir sans elle?.. mais c'est affreux!

BERTHAUX. Comme vous êtes agité!... on dirait que vous êtes jaloux?..

THÉODORE. Jaloux!... moi!.. ah! c'est donc là de la jalousie?.. bon... mais de quel droit, à quel titre l'empêcherais-je d'aimer... un autre... qui bon lui semble... un courtaut de boutique!

BERTHAUX. Monsieur, vous insultez le commerce!

THÉODORE. Eh! que vous importe à vous?.. mais tenez, oui, j'ai tort... j'en conviens... elle n'a pas pu deviner... si fait pourtant!.. je lui parlais avec tant d'amitié!.. et quand elle était là près de moi, je chantais avec une expression si tendre.... non, non, elle n'a rien compris, rien... à la bonne heure... qu'elle aime l'autre.... qu'elle l'épouse.

BERTHAUX. Permettez... épouser... qui?

THÉODORE. Eh mais!.. ce jeune homme, ce Berthaux... il l'épousera.

BERTHAUX. Eh! eh! eh!

THÉODORE. Comment!.. que dites-vous?.. il n'aime donc pas Fanny?

BERTHAUX. Si fait!.. mais il aime aussi l'argent... il se partage.

THÉODORE. L'argent!.. ah! fi!.. il est donc riche, lui?

BERTHAUX. Riche... au physique, oui... ça suffit pour bien des choses, mais pour s'établir, pour acheter un fonds, bonsoir... oh! si la petite avait une dot... mais elle est sans.

THÉODORE. Et qui vous a dit cela?.. sans dot!

BERTHAUX. Mais il me semble...

THÉODORE. Elle en a une, monsieur... et fort belle!

BERTHAUX. Bah!.. en ce cas j'ép... (*se reprenant*) il l'épousera.

THÉODORE. Vous le connaissez?

BERTHAUX. Oh! oh! fort peu... vous concevez, ces petites gens... mais je l'ai aperçu quelquefois sur le seuil de sa boutique, en face.

THÉODORE. Ah! il demeure en face?...

BERTHAUX. Et puis je le vois chez vous.

THÉODORE. Comment! chez moi!.. ici!.. il ose venir?

BERTHAUX. Ne vous fâchez pas... je lui parlerai à lui... et à cette jeune fille...

THÉODORE. Oui... et s'il consent...

BERTHAUX. J'en réponds.

SCENE XIII.

LES MÊMES, Mme DE BRADEL.

Mme DE BRADEL, *à Berthaux.* Vous encore ici, monsieur!.. (*A part.*) Il faut absolument qu'il sache, qu'il se décide. (*A Berthaux.*) Sortez.

BERTHAUX. Madame!...

THÉODORE. Madame la baronne... pourquoi parler ainsi à M. le duc?

Mme DE BRADEL, *d'un air de mépris.* M. le duc... ça?.. Sortez, Berthaux!

THÉODORE. Qu'est-ce donc?

BERTHAUX. Rien... oh! rien... il y a entre madame et moi de ces petites familiarités... (*Mme de Bradel le regarde avec un air d'indignation.*) Je vais voir Mlle Fanny, lui parler, et je reviens... (*Quand il est un peu loin, il se retourne et dit à part, en regardant la baronne.*) Oh! grosse... (*la baronne se retourne*) désagréable.

(Il sort.)

SCENE XIV.

Mme DE BRADEL, THÉODORE.

Mme DE BRADEL. Allons, il le faut, ce soir il serait trop tard.

THÉODORE. Eh! mon Dieu! madame la baronne, me direz-vous ce que cela signifie? je ne puis comprendre...

Mme DE BRADEL. Vous ne pouvez comprendre qu'on vous trompe, c'est tout simple.

THÉODORE. On me trompe, dites-vous? et qui donc oserait ici?

Mme DE BRADEL. Tout le monde.

THÉODORE. Vous dites?

Mme DE BRADEL. Tout le monde, excepté moi, moi, qui n'ai pas un instant à perdre dans votre intérêt... (*à part*) comme dans le mien... (*haut*) pour vous éclairer sur votre situation.

THÉODORE. Parlez, parlez !

Mme DE BRADEL. Mais du courage, mon ami... vous me le promettez.

THÉODORE. Oui, oui... parlez donc...

Mme DE BRADEL. Vous vous croyez riche, heureux, opulent...

THÉODORE. Eh ! mais il me semble que tout ce qui m'entoure...

Mme DE BRADEL Eh bien ! non... ce luxe auquel vous croyez autour de vous n'existe pas...

THÉODORE. Grand Dieu !

Mme DE BRADEL. M. de Lucy, en gagnant contre vous son procès, vous a enlevé vos biens, votre nom !...

THÉODORE. Il a gagné ce procès? mais alors, je n'ai donc plus rien, plus rien ! et qui donc m'a soutenu?... c'est Fanny, oui, Fanny, dont le travail..

Mme DE BRADEL. C'est vous, c'est votre talent... votre voix qui va briller dans les concerts publics.

THÉODORE. On me payait?...

Mme DE BRADEL. Vous chantiez...

THÉODORE, *se laissant tomber dans un fauteuil*. Pour vivre... oh ! mon Dieu?...

Mme DE BRADEL. Et cette jeune fille, en vous trompant?

THÉODORE. Ah ! grâce pour elle, madame... si ce n'était que cela, je lui pardonnerais... elle m'a sauvé la vie, je ne voyais rien... rien que mes illusions, mes rêves de bonheur... et c'est quand vous m'arrachez le bandeau qui était sur mes yeux... c'est alors seulement que je suis à plaindre !... Ah ! convenez donc que c'est quelquefois heureux de ne pas voir !

Mme DE BRADEL. Oui, je conçois... dans cette circonstance...

THÉODORE, *rêvant*. Un concert public !.. un théâtre peut-être?... je me rappelle... je comprends une foule de choses qui m'échappaient alors... ces gens qui mettaient ma voix à prix... Fanny qui me pressait toujours de chanter... et ce duc... (*Comme frappé d'une idée subite.*) Ah ! ce duc !... dites-moi... il me trompait aussi !... c'est peut-être... attendez !.. oui, c'était... non, oh non ! ce serait affreux !...

Mme DE BRADEL. C'est tout platement, un commis de nouveautés...

THÉODORE. Assez... assez !

Mme DE BRADEL. M. Berthaux.

THÉODORE, *avec colère, se levant*. Berthaux !... ah ! je m'en doutais... l'infâme ! ici, près de moi, il profitait de mon malheur, pour m'enlever le seul bien qui m'était cher; madame la baronne, vous me disiez ce matin... vous me parliez... (*S'arrêtant comme pour retrouver ses idées.*) Attendez... ma pauvre tête !.. je souffre tant !... oui. vous me parliez de ce médecin... de ce docteur qui pourrait peut-être me rendre la vue...

Mme DE BRADEL. Peut-être... oui ; mais, vous refusiez...

THÉODORE. Je refusais... sans doute... ce matin n'étais-je pas heureux?... accoutumé à mon sort que je m'étais fait si paisible et si beau... je n'enviais rien... rien ! n'avais-je pas une fortune, des amis, des espérances... et puis, une femme pour guider mes pas, une femme, ma compagne fidèle, ma lectrice, ma sœur... une femme que j'aimais !...

Mme DE BRADEL. Y pensez-vous !... l'aimer !

THÉODORE. Maintenant, je n'aime plus, je hais !... je suis seul au monde... je suis malheureux !... rendez-moi la vue !... je ne crains plus que ses traits soient moins beaux que dans mes rêves... ses traits !... ils m'ôteront peut-être mon amour !...

AIR :

Oui, c'en est fait, amitié, confiance,
Illusion... je perds tout à la fois !
C'est d'aujourd'hui que mon malheur commence,
Ah ! c'est du moins d'aujourd'hui que j'y crois.
Mais l'espérance à mon cœur est rendue.
Par des ingrats je me sens outrager.
La vue ! oh ! rendez-moi la vue !
J'en ai besoin pour me venger,
Je veux y voir pour me venger.

Mme DE BRADEL. Théodore, mon ami, calmez-vous !... vous êtes moins malheureux que vous ne pensez !...

THÉODORE. Eh quoi ! Fanny...

Mme DE BRADEL. Écoutez-moi... le procès que votre cousin a gagné lui a porté malheur... il a perdu son fils... lui-même, en ce moment, seul, sans famille, il s'est souvenu de vous... car la justice a beau dire, vous êtes son cousin, le seul parent qu'il ait au monde... il le sait bien... et sa conduite envers vous est un remords qui lui ronge le cœur.

THÉODORE. Je lui pardonne !

Mme DE BRADEL. Je l'ai vu ces jours derniers... (*Avec intention.*) Je lui ai parlé de vous... j'ai dit tout ce que l'amitié la plus tendre a pu m'inspirer...

THÉODORE. Merci .. je vous crois, vous !

Mme DE BRADEL. Ma fille était près de moi... elle vous le répètera, et je compris aisément qu'il vous rendrait une partie de votre fortune... votre fortune... votre nom même... si vous songiez au mariage.

THÉODORE. Au mariage !...

Mme DE BRADEL. Avec quelqu'un de votre rang.

THÉODORE. Eh! qui voudrait de moi?.. personne.

Mme DE BRADEL. Peut-être... et si vous consentiez à vous mettre entre les mains du docteur.

THÉODORE. Oui... oui... ne vous l'ai-je pas dit... j'y consens... je consens à tout!.. cette obscurité est maintenant un supplice. une prison où je ne veux pas rester plus long-temps, je veux voir ce Berthaux... et Fanny.

Mme DE BRADEL. Bien!... dans une demi-heure, je viens vous prendre pour vous conduire chez moi... (*Avec intention.*) Où ma fille aura tant de plaisir à vous recevoir... Ce bon Théodore!.. quelle fête pour nous. A bientôt mon ami.

THÉODORE, *écoutant de l'autre côté.* Adieu! adieu!...

Mme DE BRADEL, *à part.* Qu'il recouvre la vue, et sa fortune!... c'est un très-bon parti!

(Elle sort et au même instant Berthaux paraît.)

SCENE XV.

THÉODORE, BERTHAUX.

BERTHAUX, *bas à droite.* Je guettais sa sortie pour ne pas m'exposer encore à ses grands airs.

THÉODORE, *à part.* C'est lui!

BERTHAUX, *de même.* Je veux savoir si la dot est un peu rondelette.

THÉODORE, *avec force.* Monsieur le duc.

BERTHAUX, *étonné à part.* Tiens! à moins qu'il ne me voie!...

THÉODORE, *plus fort.* Monsieur le duc!

BERTHAUX. Voilà! voilà, mon cher monsieur Théodore.

THÉODORE, *plus doucement.* Approchez monsieur le duc de Méris, je crois... un joli nom...

BERTHAUX. Vous trouvez... mais oui.

THÉODORE. Vous étiez là?

BERTHAUX. Je quitte Mlle Fanny.

THÉODORE, *se contraignant.* Ah! Fanny.. eh! bien?

BERTHAUX. Elle fait un peu la difficile... mais elle y viendra!... (*Se regardant.*) Il est impossible qu'elle n'y vienne pas!

THÉODORE. Et lui... l'amant!.. l'autre?.

BERTHAUX. Le jeune Berthaux?...

THÉODORE. Vous l'avez revu?

BERTHAUX. Je l'ai revu... et toujours avec un nouveau plaisir... je l'ai examiné; ma foi! je ne le croyais pas si bien.

THÉODORE. Vous le flattez.

BERTHAUX. Non, le diable m'emporte!

THÉODORE. Vous le flattez!... car c'est un misérable!

BERTHAUX. Hein?

THÉODORE. Un lâche!

BERTHAUX. Plaît-il?

THÉODORE. Un infâme!

BERTHAUX. J'entends mal...

THÉODORE. A qui l'on devrait couper les deux oreilles!

BERTHAUX. Allons donc!... il ne lui en resterait plus!... mais permettez... il me semble que vous l'avez insulté.

THÉODORE. Qu'est-ce cela vous fait à vous, monsieur le duc?

BERTHAUX. Cela me fait.. cela me fait.. (*A part.*) C'est juste, il ne me connaît pas.

THÉODORE. Vous dites?

BERTHAUX. Je dis que je m'intéresse à ce jeune cavallero, et qu'on ne peut l'insulter... sans m'insulter moi-même!... et sans avoir affaire à moi!

THÉODORE. Tant mieux! c'est ce que je voulais!!.. j'ai à me venger de lui... entendez-vous?... de ce Berthaux, qui a pénétré ici, dans ma maison, pour séduire une jeune fille qu'il devait respecter... pour se jouer de moi qu'il trompait!... (*lui serrant vivement la main*) de ce Berthaux qui a menti!

BERTHAUX, *voulant retirer sa main.* Monsieur!...

THÉODORE. Mais pourquoi tremblez-vous donc ainsi, monsieur le duc?

BERTHAUX. Moi, trembler!... au fait, c'est possible!... de froid, d'abord... et puis de colère...

THÉODORE, *à part.* De colère?..

BERTHAUX. Je suis bien bon de trembler... (*portant la main à ses yeux*) il n'y a pas de danger! Certainement... elle me fait bouillir, la colère!.... et si je ne respectais pas votre position... ce Berthaux, comme vous l'appelez... ce Berthaux vous répondrait...

THÉODORE. Ma position... n'est-ce que cela?... je sais ce que c'est qu'une arme à feu... un ressort à tirer... on tue ou l'on est tué, voilà tout!... Eh bien! monsieur le duc?...

BERTHAUX, *à part.* M. le duc! M. le duc!... qu'est-ce qu'il a donc à appuyer là-dessus?

THÉODORE. Il faut que dans une heure, un de nous deux ait cessé de vivre... ce Berthaux, ou moi!... ou vous!... car s'il refuse, lui, vous, monsieur le duc...

BERTHAUX, *à part.* Il y voit!

THÉODORE. Vous vous battrez... vous l'avez dit.

BERTHAUX, Soit.... à soixante-quinze pas!... (*A part.*) Attrape si tu peux, aveugle!

THÉODORE, *se rapprochant de lui.* Non! non!... mais comme ça, voyez-vous.... vous mettrez... non... lui, veux-je dire...

BERTHAUX, *à part.* Il me connaît!...

THÉODORE, *montrant son cœur.* Il mettra son pistolet là, tenez, à cette place, qui bat si violemment!... et je mettrai le mien... ici.

(Lui mettant la main sur le cœur.)

BERTHAUX, *reculant.* Mais, c'est un assassinat!

THÉODORE. Nous nous battrons.

BERTHAUX. C'est un infâme assassinat!. je ne me battrai pas.

THÉODORE. Comment, vous, monsieur le duc!...

BERTHAUX. Je ne me battrai pas... je ne veux pas de votre sang.... gardez votre sang!...

THÉODORE. Taisez-vous donc!.... ne criez pas!

BERTHAUX, *criant plus haut.* C'est une infamie!... c'est une horreur!... je ne me battrai pas!

SCENE XVI.

LES MÊMES, FANNY, ADRIEN.

ADRIEN, *entrant par la gauche.* Qu'y a-t-il donc!...

FANNY, *entrant par le fond.* Grand Dieu! ce bruit!... ces cris!...

THÉODORE. Fanny!

BERTHAUX, *balbutiant.* Rien, mademoiselle... c'est monsieur, qui se permet.. qui me dit...... qui... (*à part*) je ne sais plus où j'en suis!

THÉODORE. Oui... je faisais un appel à l'honneur de M. le duc...

FANNY. Comment?

BERTHAUX, *d'un air brave.* Et son honneur vous répondra!... (*A part.*) Ferme, devant elle... elle empêchera... (*Haut.*) Il vous répondra! Oui, mademoiselle, et l'on saura de quoi est capable un homme qui veut être digne de vous.

(Il la salue.)

FANNY. Monsieur!...

THÉODORE, *à part.* Ils s'entendent!

ADRIEN. Est-ce qu'il saurait?...

BERTHAUX, *à part.* C'est bien la peine d'être aveugle... si l'on se bat tout de même.

FANNY, *à Berthaux.* Mais, expliquez-moi..

BERTHAUX, *fièrement.* Je reviens avec des armes!...

(Il sort.)

SCENE XVII.

THÉODORE, FANNY, ADRIEN.

FANNY. Des armes!

THÉODORE. Oui... je vous... je te dirai tout!... je t'attendais pour faire de la musique... Adrien, une chaise.

ADRIEN. Mais, monsieur...

THÉODORE. Je veux m'asseoir.

ADRIEN. C'est qu'il y a en bas, dans une voiture, un jeune homme qui vient vous chercher, pour vous conduire chez le notaire.

THÉODORE. Un notaire?.... qu'est-ce qu'il me veut?.., je n'irai pas!

FANNY. Il paraît que c'est une affaire importante, car voilà deux fois...

THÉODORE. Je n'ai pas d'affaires..... vas-y, si tu veux... je reste..

ADRIEN. Moi?

THÉODORE, *avec impatience.* Ah! je ne veux pas sortir d'ici... va-t'en!

(Fanny lui fait signe de ne pas l'impatienter et d'y aller lui-même.)

ADRIEN, *bas.* Soyez tranquille.

(Il sort.)

SCENE XVIII.

THÉODORE, FANNY.

THÉODORE. Qui donc?.. qu'est-ce?.. que lui as-tu dit?

FANNY. Pourquoi ne pas voir ce notaire?.. si cela vous intéresse... pour votre fortune...

THÉODORE. A quoi bon?.. ne suis-je pas riche?.. très-riche?.. que me manque-t-il? n'ai-je pas tout ce [illegible] le luxe peut donner?.. que puis-je esp[illegible]er de mieux? rien... je suis bien ainsi... (*avec émotion*) et en train de chanter surtout!.. allons, viens, conduis-moi au piano.

FANNY, *allant lui donner le bras.* Me voilà.

THÉODORE, *lui prenant la main.* Ah!.. (*Ils gardent un moment le silence, il reprend gaîment.*) Eh bien! cette musique.. est-ce que tu ne veux pas l'essayer avec moi?

FANNY. Oh! vous me semblez trop agité... d'ailleurs maintenant... c'est inutile, peut-être!

THÉODORE. Au contraire... la musique! j'en ai plus besoin que jamais... ne fût-ce que pour me consoler.

FANNY. Vous consoler!..

THÉODORE, *se reprenant en souriant.* D'ailleurs, écoute donc... à cette soirée où tu me conduis... où j'ai promis d'aller... demain... je l'ai promis... s'il se trouvait quelque mécontent, on ne sait pas... il y a des gens mal élevés, qui se permettent bien des choses... et un coup de sifflet...

FANNY. Ah! quelle idée!

THÉODORE. Dam! quand on paie à la porte.

FANNY. O ciel!

THÉODORE. Et ton duc de Méris qui, je crois, est d'une noblesse un peu rapée, vend peut-être ses invitations!..

FANNY. Théodore!

THÉODORE. Il les vend... c'est mal, vois-tu, c'est bien mal à lui... de me livrer ainsi en spectacle, à la curiosité de quelques oisifs, qui m'applaudissent par pitié... comme ils me siffleraient par caprice.

FANNY, *à part.* Elle lui a tout dit!

THÉODORE. Fanny!.. ma sœur... ce n'est pas toi que j'accuse!.. ce n'est pas toi qui m'aurais conduit à ces fêtes, à ces concerts, sans me consulter... qui aurais mendié pour moi...

FANNY. Grâce, grâce pour moi... pour mon oncle qui a eu cette pensée!.. nous avons voulu vous laisser croire au bonheur, et garder les chagrins pour nous... vous aviez du talent... vos parens vous repoussaient, et plutôt que d'aller tendre la main à leur porte...

THÉODORE, *avec enthousiasme.* Jamais! jamais!.. oui, vous aviez raison... ce talent que le ciel m'a donné... c'était mon bien, ma fortune à moi!.. ah! d'aujourd'hui je le sens, j'en suis fier... je suis artiste!.. pauvre, mais libre, sans vivre de leurs bienfaits, sans rougir de leur pitié... je suis riche encore... plus riche qu'eux tous!.. je suis artiste!..

FANNY. Théodore... vous nous pardonnez?

THÉODORE. Eh! quoi donc?.. un mensonge qui a prolongé mes rêves si trompeurs et si doux!.. l'amitié, la tendresse d'une sœur qui, m'entourant de bons soins, cachait ses larmes peut-être, et me faisait croire au bonheur, sans en garder pour elle!..

FANNY. Oh! si fait... moi aussi j'étais heureuse!.. et puisque vous me pardonnez...

THÉODORE. Oui, tout!.. Fanny, tout.

FANNY. Que voulez-vous dire?

THÉODORE.

AIR : *C'était Renaud.*

Pourquoi m'avoir fait un secret
De ton amour?

FANNY.

J'ai peine à vous comprendre.
(*A part.*)
Ah! saurait-il... je tremble... c'en est fait!

THÉODORE.

Pour ce Berthaux...

FANNY.

Ciel! que viens-je d'entendre?
N'en croyez rien!

THÉODORE.

Ah! détours superflus!
A qui te plaît que ton cœur s'abandonne!

FANNY.

Ah! dites-moi, se peut-il que je donne
Un cœur qui ne m'appartient plus.

THÉODORE. Qu'entends-je!

FANNY. Laisse-moi!

THÉODORE, *avec joie.* Mais alors, qui donc? puisqu'un autre...

FANNY. Oh! non!.. non!

THÉODORE. Si fait!.. et si tu savais quelle espérance a passé là, dans mon cœur.

FANNY, *effrayée.* Tais-toi!

THÉODORE. Ta main est brûlante... tu veux m'échapper!.. non, reste!.. et... (*baissant la voix*) si c'est moi, moi que tu aimes... oh! parle, parle... au risque de me faire mourir de bonheur!

FANNY. Grand Dieu!..

THÉODORE, *la retenant dans ses bras.* Car, moi aussi... (*Ecoutant.*) Ne tremble donc pas!.. nous sommes seuls... moi aussi, je t'aime.. je t'aime comme un fou!

FANNY. Théodore!

THÉODORE. Et j'ai bien souffert, quand cette maudite baronne m'a dit... (*avec gaîté*) ou plutôt, non, je ne veux pas en dire du mal, car, sans elle, sans ma jalousie, je n'aurais pas deviné que ce que j'éprouvais là, c'était de l'amour!

FANNY. Oh! ni moi non plus!

THÉODORE, *vivement.* Tu as dit.. (*la retenant par la main.*) allons, voilà que tu t'en vas encore!.. (*en souriant et avec mystère*) Eh bien! oui, nous nous aimons!.. tu seras mon amie, ma compagne, ma femme!... nous n'avons besoin de personne... je suis artiste! je chanterai... souvent, tous les jours... et je chanterai mieux encore, tu m'aimes!.. je serai toujours content, toujours gai comme à présent... et ne crains rien... le soir, quand je rentrerai en fredonnant un air joyeux, je te donnerai une bourse pleine d'or... et je te dirai en t'embrassant: « Tiens, femme, es-tu contente?»

FANNY, *se dégageant.* Oh! non, ne me parlez pas ainsi... c'est trop de bonheur!..

THÉODORE. Tu refuses?

FANNY. Il le faut!.. votre fortune est au prix d'un riche mariage... et je ne suis qu'une pauvre fille!.. Adieu, monsieur Théodore.

THÉODORE. Tu me quittes?

FANNY. Oh! je ne puis!.. je n'ai pas le courage... mes genoux chancellent... mon cœur s'en va!

THÉODORE, *la soutenant.* Fanny!

FANNY. Je me meurs!

THÉODORE, *hors de lui, la soutenant dans ses bras.* Fanny!... O ciel!.. tu ne me réponds pas!.. reviens à toi!.. ah! Dieu!.. (*cherchant de la main qui est restée libre.*) mais il doit y avoir un fauteuil de ce côté. (*Il l'assied.*) Fanny!.. et personne!.. on ne vient pas!.. ah! je perds la tête!.. par où?.. la porte... ici!.. non de ce côté.... (*appelant.*) Adrien! Adrien!.. (*Tout en parlant et appelant, il marche, pousse la table, fait tomber la musique, renverse la chaise, bouleverse tout.*) Mais venez donc!.. c'est Fanny, c'est...

(Il se heurte violemment.)

SCENE XIX.

Les Mêmes, Mme DE BRADEL.

Mme DE BRADEL, *entrant avec joie.* Enfin, mon jeune ami, j'accours...

(Théodore, qui se trouve en ce moment près de Mme de Bradel, lui saisit vivement le bras.)

THÉODORE. Madame la baronne!.. Eh! venez, venez donc!.. Fanny se meurt!

Mme DE BRADEL, *s'approchant.* Mademoiselle!..

FANNY, *revenue à elle.* Ce n'est rien.

Mme DE BRADEL. Qu'est-ce donc?. qu'est-il arrivé?

THÉODORE. Vous ne savez pas!.. ce Berthaux, ce commis, elle ne l'a jamais aimé!.. c'est moi, c'est moi seul!..

FANNY. Théodore!..

Mme DE BRADEL, *à part.* Je viens trop tard!

THÉODORE. Mais, moi aussi, je l'aime!. je l'épouse!

FANNY. N'en croyez rien!.. je pars!

Mme DE BRADEL, *avec une intention marquée.* Et vous ferez bien!.. car vous auriez tort de croire aux riches espérances que j'ai données à Théodore... il ne faut plus qu'il compte sur la bonne volonté et les bienfaits de M. de Lucy son cousin, dont j'apprends la mort à l'instant.

THÉODORE. Lucy!.. sans m'avoir revu!

Mme DE BRADEL. Tout est fini... vous pouvez le quitter.

THÉODORE. Fanny!

FANNY. Quand il est pauvre!.. quand il n'a plus que moi au monde!.. le quitter! oh! non, madame, non!.. je reste pour partager son sort... il a besoin de moi!.. je ne le quitte plus!.. je puis l'aimer, maintenant!

THÉODORE. Oh! mais c'est à en mourir de joie!

Mme DE BRADEL. Mais non... je l'emmène, le docteur l'attend...

SCENE XX.

Les Mêmes, ADRIEN.

ADRIEN, *entrant, hors de lui.* Mlle Fanny!. M. Théodore!.. ah! vous voilà!.. (*apercevant la baronne.*) Tiens! madame la baronne ici, déjà!.. vous êtes venue vite!

Mme DE BRADEL, *à part.* Imbécille!

THÉODORE. Que veux-tu dire?

ADRIEN. Eh! bien, oui... j'ai trouvé madame la baronne chez le notaire... il n'y a qu'un instant. . quand il nous a appris cette grande nouvelle!

FANNY. Quelle nouvelle?..

Mme DE BRADEL. On ne vous demande pas...

ADRIEN. Comment, vous ne savez pas... madame ne vous a pas dit... votre cousin, qui, pour réparer les injustices de la justice, vous a rendu, par son testament, tout le bien qu'il vous avait pris!

THÉODORE. Il se pourrait!

Mme DE BRADEL, *à part.* Voilà ce que je craignais!

THÉODORE, *à Fanny qui s'éloignait, la retenant.* Ah!. ah! j'ai ta parole!

SCENE XXI.

Les Mêmes, BERTHAUX.

BERTHAUX, *une boîte de pistolets à la main et d'un air grave.* C'est moi! moi, qui viens vous offrir satisfaction!

Mme DE BRADEL. Qu'est-ce que c'est que ça?

FANNY, *courant à Berthaux.* Ah! monsieur, monsieur!

THÉODORE. Ah! le voisin!...

BERTHAUX, *bas.* Ils sont chargés à poudre.

ADRIEN. A qui en a-t-il, celui-là?

BERTHAUX. Ce n'est pas à toi, domestique... mais à monsieur, si le cœur lui en dit encore... (*il montre des pistolets*) ceux du patron... ils n'ont jamais servi.

Mme DE BRADEL. Un combat!.. ah! ciel!

THÉODORE. Oh! maintenant, merci, mon garçon.

BERTHAUX. Hein?.. mon garçon.

THÉODORE. A moins qu'il ne vous prenne fantaisie de me disputer Fanny, qui ne vous aime pas... qui est sans dot... et que j'épouse.

BERTHAUX, *furieux*. Vous l'épousez!...

THÉODORE. Si vous ne me tuez pas.

BERTHAUX, *radouci*. Vous l'épousez!... alors, c'est différent!.. j'irai à la noce.

Mme DE BRADEL. Fi donc!

ADRIEN, *étonné*. Comment, vous l'épousez?.. ah ça! et la fille de madame?..

THÉODORE. Hein?

Mme DE BRADEL. Insolent!

ADRIEN. Mais oui... vous aviez dit au notaire...

Mme DE BRADEL. Vous tairez-vous?

BERTHAUX, *à part*. Elle est vexée la ci-devant!

Mme DE BRADEL. Tout ce que je voulais ce que je veux, c'est votre bonheur... Théodore, j'ai vu le docteur, il vous attend.

THÉODORE, *gaîment*. Merci, merci.

AIR *de M. Clapisson.*

Non, je repousse et la folle espérence
Et la douleur! laissez-moi ma gaîté.
Seul, délaissé par haine et par vengeance.
Contre mon sort, je m'étais révolté.
Plus de chagrin, car je suis aimé, j'aime!
N'enviant rien à ce monde inconnu,
Voyez, voyez, je suis heureux quand même!
Auprès de moi mon ange est revenu!
Je suis heureux, mon ange est revenu.

Mme DE BRADEL. Heureux?.. vous?...

THÉODORE. Et pourquoi pas?.. je ne regrette rien, pas même de ne pas voir en ce moment les figures tristes, allongées, de ceux que ce bonheur contrarie.

ADRIEN, *regardant la baronne*. Dam! un peu.

Mme DE BRADEL, *regardant Berthaux et s'efforçant de rire*. Ah! oui, monsieur le duc!

BERTHAUX. Hein?.. mais non!. (*A part.*) Allons, j'avais trouvé le mot... c'est une grosse désagréable!..

CHOEUR.

Heureux qui dans la vie,
Poussé gaîment au port,
Sans regrets, sans envie,
Est content de son sort.

THÉODORE.

AIR *de la Haine d'une femme.*

Messieurs, ayez de l'indulgence
Pour cet enfant qui me conduit.

FANNY.

Ah! pour qu'il soit heureux, silence!
Messieurs, ne faites pas de bruit!

THÉODORE.

Pour que notre erreur continue
Empruntez de moi ce moyen.

FANNY.

Nos défauts sautent à la vue.

THÉODORE.

Nos défauts sautent à la vue.

ENSEMBLE.

Ne voyez rien;
Sur nos défauts ne voyez rien!

FIN.

IMPRIMERIE DE Ve DONDEY-DUPRÉ, RUE SAINT-LOUIS, No 46, AU MARAIS.

www.ingramcontent.com/pod-product-compliance
Lightning Source LLC
LaVergne TN
LVHW050510160826
845677LV00003B/1044